I0002693

MAZES

Answer

MAZES

Answer

MAZES

Answer

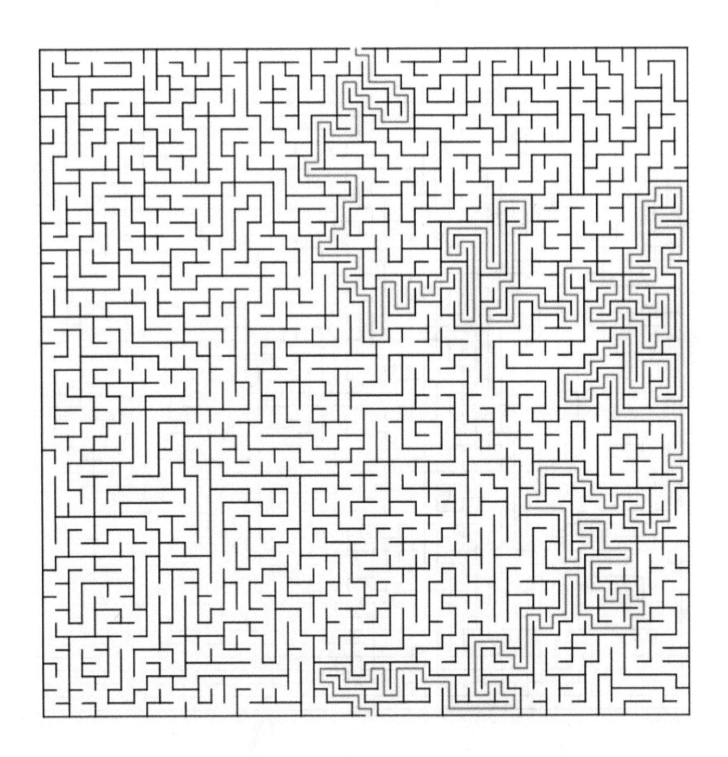

Word Search

```
Y  P  T  E  B  L  A  R  F  N  A  T  S  I  K  I  J  A  T  A  X  U  X
Z  D  A  X  I  T  E  W  N  A  T  Q  A  T  A  R  Q  E  R  T  B  X  I
M  P  G  S  O  U  T  H  K  O  R  E  A  T  U  R  K  E  Y  T  R  D  U
O  H  N  O  I  T  I  M  O  R  L  E  S  T  E  Z  R  R  Z  E  D  T  I
J  I  A  J  P  G  N  A  T  S  I  K  A  P  A  I  R  Y  S  Q  H  P  C
N  L  T  H  L  Y  A  Q  H  A  I  B  A  R  A  I  D  U  A  S  D  R  L
U  I  S  C  Z  E  D  T  B  H  O  B  S  T  G  K  B  L  W  G  M  T  A
N  P  I  N  A  E  R  O  K  H  T  R  O  N  D  N  A  L  I  A  H  T  K
C  P  N  C  U  N  I  T  E  D  A  R  A  B  E  M  I  R  A  T  E  S  N
L  I  E  D  O  U  E  T  A  A  C  S  I  N  G  A  P  O  R  E  B  E  A
T  N  M  U  S  B  V  I  E  T  N  A  M  F  J  J  Q  I  Z  K  J  G  L
G  E  K  M  W  Q  L  H  S  H  E  U  S  C  G  Y  I  N  I  A  R  Q  I
K  S  R  Q  P  I  P  F  J  F  G  X  P  E  U  Q  Q  Y  E  M  E  N  R
Z  U  U  S  T  A  T  E  O  F  P  A  L  E  S  T  I  N  E  M  X  N  S
N  O  T  N  A  M  O  E  M  G  G  G  N  E  Q  I  L  I  H  A  A  K  Q
K  U  G  Z  J  H  Z  V  P  N  A  T  S  I  K  E  B  Z  U  C  P  U  E
```

Find the following words in the puzzle.
Words are hidden ↑ ↓ → ← and ↘ .

NORTHKOREA	SOUTHKOREA	TURKEY
OMAN	SRILANKA	TURKMENISTAN
PAKISTAN	STATEOFPALESTINE	UNITEDARABEMIRATES
PHILIPPINES	SYRIA	UZBEKISTAN
QATAR	TAJIKISTAN	VIETNAM
SAUDIARABIA	THAILAND	YEMEN
SINGAPORE	TIMORLESTE	

Word Search

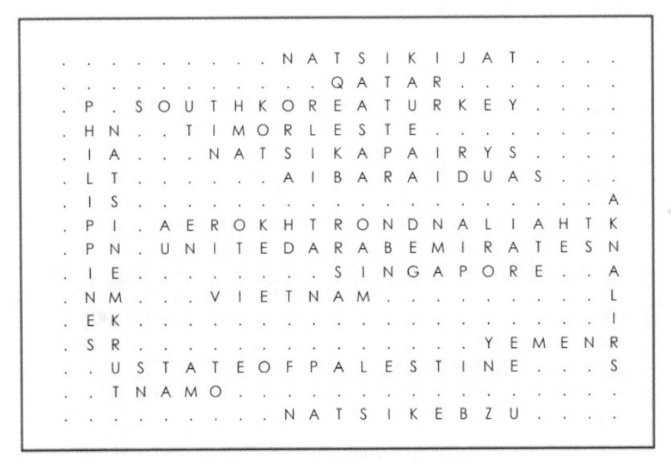

Word directions and start points are formatted: (Direction, X, Y)

NORTHKOREA (W,14,8)
OMAN (W,7,15)
PAKISTAN (W,14,5)
PHILIPPINES (S,2,3)
QATAR (E,12,2)
SAUDIARABIA (W,20,6)
SINGAPORE (E,12,10)

SOUTHKOREA (E,4,3)
SRILANKA (N,23,14)
STATEOFPALESTINE (E,4,14)
SYRIA (W,19,5)
TAJIKISTAN (W,19,1)
THAILAND (W,22,8)
TIMORLESTE (E,6,4)

TURKEY (E,14,3)
TURKMENISTAN (N,3,15)
UNITEDARABEMIRATES (E,5,9)
UZBEKISTAN (W,19,16)
VIETNAM (E,7,11)
YEMEN (E,18,13)

Word Search

```
N  K  I  O  Q  W  B  B  I  G  U  W  G  E  O  R  G  I  A  Q  Q  O  A
T  Y  A  S  O  A  L  A  J  N  D  S  C  H  I  N  A  L  R  M  B  A  E
L  I  K  Z  O  K  Y  J  N  O  D  O  G  J  O  R  D  A  N  A  M  W  A
V  D  R  A  A  B  U  N  K  G  V  I  Q  A  R  I  D  W  I  C  Z  G  Z
A  B  A  K  I  K  A  W  X  R  L  M  A  L  D  I  V  E  S  O  Y  P  E
F  S  M  E  D  Y  H  H  A  G  Y  A  U  Y  T  O  R  T  R  B  Z  L  R
G  J  N  A  O  R  T  S  R  I  E  G  D  X  N  K  H  H  O  H  X  S  B
H  W  A  R  B  G  N  R  T  A  T  B  L  E  B  A  N  O  N  L  V  A  A
A  B  Y  M  M  Y  S  B  T  A  I  E  L  Y  S  S  U  R  P  Y  C  I  I
N  K  M  E  A  Z  U  H  P  Z  N  N  O  O  K  H  J  H  Q  K  Z  L  J
I  E  I  N  C  S  H  U  O  V  U  I  N  D  O  N  E  S  I  A  M  O  A
S  Z  E  I  F  T  Z  T  I  D  U  G  Y  P  Q  L  A  P  E  N  Q  G  N
T  L  N  A  C  A  B  A  R  J  Y  Y  I  P  E  H  T  A  H  M  H  N  D
A  H  U  N  Z  N  O  N  A  E  A  I  S  Y  A  L  A  M  X  R  G  O  A
N  V  R  B  H  T  T  P  N  J  R  L  O  J  A  P  A  N  K  C  C  M  G
A  Z  B  Z  I  E  B  T  J  L  E  A  R  S  I  N  S  Q  N  Y  B  F  N
```

Find the following words in the puzzle.
Words are hidden ↑ ↓ → ← and ↘ .

AFGHANISTAN	CHINA	JAPAN	MALDIVES
ARMENIA	CYPRUS	JORDAN	MONGOLIA
AZERBAIJAN	GEORGIA	KAZAKHSTAN	MYANMAR
BAHRAIN	INDIA	KUWAIT	NEPAL
BANGLADESH	INDONESIA	KYRGYZSTAN	
BHUTAN	IRAN	LAOS	
BRUNEI	IRAQ	LEBANON	
CAMBODIA	ISRAEL	MALAYSIA	

Word Search

```
.  K  .  .  .  .  B  .  I  .  .  .  G  E  O  R  G  I  A  .  .  .  .  .
.  .  A  S  O  A  L  A  .  N  .  .  C  H  I  N  A  .  .  .  .  .  .  .
.  .  .  Z  .  K  .  N  .  D  .  .  J  O  R  D  A  N  .  .  .  .  A
.  .  R  .  A  B  U  .  .  G  .  I  Q  A  R  I  .  .  .  .  .  .  Z
A  .  A  .  I  K  A  W  .  .  L  M  A  L  D  I  V  E  S  .  .  E
F  .  M  .  D  Y  H  H  A  .  .  A  .  .  .  .  .  .  .  .  R
G  .  N  A  O  R  .  S  R  I  .  .  D  .  .  .  .  .  .  .  B
H  .  A  R  B  G  .  .  T  A  T  .  L  E  B  A  N  O  N  .  .  A  A
A  .  Y  M  M  Y  .  B  .  A  I  .  .  .  S  S  U  R  P  Y  C  I  I
N  .  M  E  A  Z  .  H  .  .  N  N  .  .  .  H  .  .  .  .  L  J
I  .  I  N  C  S  .  U  .  .  I  N  D  O  N  E  S  I  A  .  O  A
S  .  E  I  .  T  .  T  I  .  .  .  .  .  L  A  P  E  N  .  G  N
T  .  N  A  .  A  .  A  R  .  .  .  .  .  .  .  .  .  .  N  .
A  .  U  .  N  .  N  A  .  A  I  S  Y  A  L  A  M  .  .  .  O  .
N  .  R  .  .  .  .  N  .  .  .  .  J  A  P  A  N  .  .  M  .
.  .  B  .  .  .  .  .  .  L  E  A  R  S  I  .  .  .  .  .  .  .
```

Word directions and start points are formatted: (Direction, X, Y)

AFGHANISTAN (S,1,5)   CHINA (E,13,2)   JAPAN (E,14,15)   MALDIVES (E,12,5)
ARMENIA (S,4,7)   CYPRUS (W,21,9)   JORDAN (E,14,3)   MONGOLIA
AZERBAIJAN (S,23,3)   GEORGIA (E,13,1)   KAZAKHSTAN (SE,2,1)   (N,22,15)
BAHRAIN (SE,6,4)   INDIA (SE,9,1)   KUWAIT (SE,6,3)   MYANMAR (N,3,10)
BANGLADESH   INDONESIA (E,12,11)   KYRGYZSTAN (S,6,5)   NEPAL (W,20,12)
(SE,7,1)   IRAN (S,9,12)   LAOS (W,7,2)
BHUTAN (S,8,9)   IRAQ (W,16,4)   LEBANON (E,13,8)
BRUNEI (N,3,16)   ISRAEL (W,15,16)   MALAYSIA (W,18,14)
CAMBODIA (N,5,11)

www.ingramcontent.com/pod-product-compliance
Lightning Source LLC
Chambersburg PA
CBHW080601060326
40689CB00021B/4900